MUSICAL INSTRUMENTS

THE PICTURE BOOK

Largo 40-60
Larghetto 60-66
Adagio 66-76
Andante 76-108
Moderato 108-120
Allegro 120-168
Presto 168-200
Prestissimo 200-208
ach dir zu-rück! Fredy. Ver rat' mich nicht
es gleich den Boi - den an, der
an die-sen zwei Herrn
rit.
ten Na - men
kein
sie, Alice,
vis
selbst, der
sind die schö - nen Zei - ten hin. Olga. Ja, ja so tanz - ten
31
va - lier. So war es ei ball in Ber -
lin. Fredy. Wie war es wun - der - schön
zu - sehn, ach ja wo sind die
Zei - ten hin!
Daisy. 'Ne gro - ße Schlep - pe tra - gen
am Kopf
i a - dem!
Alle. Der Bis - mark war ihr
den Molt - ke ließ sie stehn!
Dick. Der Kai - ser
sprach sie an, er war ihr gnä - dig stets.
Tom. Ja
K. & W. 163.

HOHNER

SUZUKI MELODION M-32C